BEI GRIN MACHT SICH IHR WISSEN BEZAHLT

- Wir veröffentlichen Ihre Hausarbeit,
  Bachelor- und Masterarbeit

- Ihr eigenes eBook und Buch -
  weltweit in allen wichtigen Shops

- Verdienen Sie an jedem Verkauf

Jetzt bei www.GRIN.com hochladen und kostenlos publizieren

Bibliografische Information der Deutschen Nationalbibliothek:

Die Deutsche Bibliothek verzeichnet diese Publikation in der Deutschen National-
bibliografie; detaillierte bibliografische Daten sind im Internet über http://dnb.d-
nb.de/ abrufbar.

Impressum:

Copyright © 2010 GRIN Verlag, Open Publishing GmbH
Druck und Bindung: Books on Demand GmbH, Norderstedt Germany
ISBN: 9783640617319

Dieses Buch bei GRIN:

http://www.grin.com/de/e-book/150497/eltern-kind-beziehung-und-selbstregulation

Kathrin Kiss-Elder

Eltern-Kind-Beziehung und Selbstregulation

GRIN Verlag

GRIN - Your knowledge has value

Der GRIN Verlag publiziert seit 1998 wissenschaftliche Arbeiten von Studenten, Hochschullehrern und anderen Akademikern als eBook und gedrucktes Buch. Die Verlagswebsite www.grin.com ist die ideale Plattform zur Veröffentlichung von Hausarbeiten, Abschlussarbeiten, wissenschaftlichen Aufsätzen, Dissertationen und Fachbüchern.

Besuchen Sie uns im Internet:

http://www.grin.com/

http://www.facebook.com/grincom

http://www.twitter.com/grin_com

Fach / Fachbereich: pädagogische Psychologie / 5. Semester

Titel der Arbeit: **Eltern-Kind-Beziehung und Selbstregulation**

Als Hintergrund sinnvoll: Die Autorin hat drei Kinder, sie hatte selbst fünf Monate eine Tochter auf einer neonatologischen Intensivstation, sie hat Zwillinge, die hinzugezogene Dissertation kann gern via Mail zugestellt werden.

Einleitung

Es ist – historisch gesehen – ein vergleichsweise neuer Blickwinkel, dass Säuglinge und übrigens auch Mütter als fühlende Wesen, um deren Entwicklung es sich zu kümmern gilt, wahrgenommen werden. Der Säugling als fühlendes Wesen – dieses Menschenbild hat dazu geführt, dass abseits vom bloßen physischen Überleben eines Säuglings, dessen Gesamtsituation in Blick geriet. Abseits des Allgemeinplatzes, dass Eltern bzw. Mütter – das Schwergewicht wird in allen mir bekannten Untersuchungen auf Mütter gelegt - „irgendwie" für Kinder wichtig sind – und zwar abgesehen von ihrer Funktion als Ernährerin und Pflegerin – stellen sich folgende Fragen: Warum sind Mütter für die Kinder wichtig? Wie kann man Mütter ggf. dazu motivieren, stärker bzw. in einer anderen Qualität anwesend zu sein, da die dynamische Interaktion zwischen Mutter und Kind so gravierende, langfristige Auswirkungen auf die soziale und kognitive Entwicklung des Kindes zu haben scheint[1]? Dazu stellt sich die Frage, wie Mütter auch unter erschwerten Umständen – einer erzwungenen Trennung durch Krankheit oder Berufstätigkeit oder auch vorhersehbaren Schmerzen wie Impfungen – ggf. zu „qualitativ hochwertiger Nähe" mit ihren Kindern ermutigt werden können[2]. Exemplarisch werde ich hier die Untersuchung von Eidelman et al referieren.

In der Erforschung der Bedeutung mütterlicher Nähe für das Kind gerät immer wieder die Situation von besonders gefährdeten Säuglingen in Blick: Frühgeborenen auf einer neonatologischen Intensivstation. Zunehmend erhalten in diesem Setting, „weichere" Faktoren stärkere Aufmerksamkeit, nicht zuletzt, weil es seit längerem Mutmaßungen dazu gibt, dass solche „weichen" Faktoren physiologische Parameter, den körperliches Status des Kindes und seine neurophysiologische Entwicklung beeinflussen. Die Trennung von der Mutter im Rahmen einer neonatologischen Intensivstation ist nicht nur mit dem damit verbundenen Bedrohungspotenzial kritisch – schließlich werden dort instabile Kinder mit oft kritischen Prognosen behandelt – die Notwendigkeit einer zumindest zeitweisen Trennung von Mutter und Kind ist an sich schon ein kritisches Ereignis mit einem erheblichen Stresspotenzial für die von der Geburt oft geschwächte Mutter und das durch seine Symptomatik geschwächten Kind[3]. Es stellt für das Kind gleichzeitig eine erhebliche Deprivationssituation UND eine Situation der Reizüberflutung dar[4].

---

[1] Vgl. Laudan et al., 2004: 478
[2] Vgl. Laudan et al., 2004: 480ff
[3] Vgl. Eidelman et. Al, 1992, 194
[4] Vgl. Eidelman et. Al, 1992, 195

Schließlich zeigen auch Tierversuche, dass die erste Lebensperiode eine wichtige, empfindliche Zeit für die Qualität der mütterlichen Bindung zum Kind ist[5], die so wichtig ist, dass sie hormonell verstärkt wird - eine mediierende Rolle scheint dabei das Hormon Oxytoxin zu bilden[6].

Grundhypothese

Einer der Grundhypothesen der frühen Eltern-Kind-Beziehung ist die, dass mütterliche Nähe die Lebensqualität und damit im Gefolge auch die Selbstregulation des Säuglings positiv beeinflusst.

Die Lebensqualität des Säuglings hat viele Facetten, als zentralste „weiche" Facette gilt mütterliche Nähe. Faktoren mütterlicher Nähe, ihrer physischen Gegenwart, sind etwa[7]:

- Berührung: Muskeltonus, Bewegungsgeschwindigkeit, physiologische Rythmen,
- Haptik: Hauttextur, Feuchtigkeit, Körpertemperatur,
- Gerüche,
- Geschmack der Muttermilch, auch anderer Bereiche wie der Geschmack von Schweiß an der äußeren Haut der Brust, ihrer Lippen, ihrer Tränen,
- Akustik; Geräusche und Geräuschmuster der Mutter, Satzmelodie, nichtsprachliche lautliche Äußerungen wie „Ah!" oder „Oh!",
- affektive Stile der Mutter,
- soziale Stile der Mutter.

Hypothesen

Folgende zentrale Hypothesen werden zur Bedeutung der Mutter-Kind-Interaktion für selbstregulatorische Prozesse im frühen Kindesalter gestellt:

Guter Kontakt zur Mutter stabilisiert Kinder hinsichtlich

- ihres Reizmanagements bzw. ihrer Fähigkeit, Reizüberflutung zu reduzieren, etwa indem sie weg vom Reiz hin zur Mutter blicken[8],
- ihrer Schmerzempfindlichkeit: Mütterlicher Kontakt hat eine Schmerzmittelwirkung,

---

[5] Vgl. Eidelman et. Al, 1992, 194
[6] Vgl. Feldman in Krankenkasseninfo, 2007: o.P.
[7] Vgl. Eidelman et. Al, 1992, 202
[8] Vgl. Crockenberg, 2004: 2, 4

- ihres Schlafverhaltens: besseren und zirkadian besser rhythmisierten Schlafverhal-ten,
- ihrer Aufmerksamkeitsstruktur: Kinder mit gutem mütterlichen Bonding zeigen stabilere Aufmerksamkeit.

Die Untersuchung von Eidelman et. al.

Einführung

Das Gefüge auf einer neonatologischen Intensivstation ist sehr speziell, Fehler können weitaus schneller weitaus schlimmere Folgen haben als etwa auf einer allergologischen Kinderstation, die personellen Ressourcen werden oft als außerordentlich knapp angesehen. Pfleger und Ärzte stehen oft stark unter Druck, das reine Überleben von Kindern mit ihrer speziellen Symptomatik zu sichern – sie arbeiten dicht am medizinischen Neuland, und sie scheitern auch immer wieder[9].

Haut-zu-Haut-Kontakt zwischen Mutter und Kind zu ermöglichen, ist für das Pflegepersonal extrem zeitintensiv, da es bedeutet, das Kind aus dem Brutkasten oder Wärmebettchen herauszuheben, auf die Mutter umzubetten, inklusive der Überwachungskabel, die sortiert bzw. neu gesteckt werden müssen. Es braucht gute Gründe, um Haut-zu-Haut-Kontakt abgesehen vom mütterlichen Wunsch nach Nähe zu ihrem Kind und dem allerdings nur mutmaßten Wunsch des Kindes nach mütterlicher Nähe zu ermöglichen. Die vorhandenen empirischen Studien dazu wiesen zum Zeitpunkt der Untersuchung von Eidelman et. al. erhebliche methodische Schwächen auf. Physiologische, insbesondere neurophysiologische und psychophysiologische Parameter waren unzureichend operationalisiert, die Stichproben zu klein, Kontrollgruppen entweder nicht vorhanden oder zu wenig mit der Untersuchungsgruppe parallelisiert. Querschnitt-Längsschnitt-Daten fehlten in den Jahren der Untersuchung von Eidelman et al.[10].

Aufbau der Untersuchung

Im Folgenden referiere ich die Untersuchung von Eidelman et. al., die in den frühen neunziger Jahren an zwei Krankenhäusern in Tel Aviv durchgeführt wurde. Erkenntnisinteresse war, die Effekte der Känguruh-Methodezu evaluieren, wie sie

---

[9] Vgl. Schwarzer, 2008: 46
[10] Vgl. Eidelman et. Al, 1992,

gerade in neonatalogischen Intensivstationen seit den Achziger Jahren des letzten Jahrhunderts diskutiert wird.

Bei der Känguru-Methode (im Folgenden KM) wird das meist nur mit einer Windel und ggf. einem Mützchen bekleidete Kind an den nackten Körper der Mutter zwischen deren Brüste gebettet, soweit es nötig ist natürlich „verkabelt" mit Kontrollen der Sättigung des Sauerstoffs, Blutdruck etc., auch für Kinder, die derzeit künstlich beatmet werden und die einen IV-Zugang besitzen, kann diese Methode Anwendung finden.

Die Untersuchung von Eidelman et al 2002 an frühgeborenen Kindern hat wichtige Faktoren der Wirkung der KM identifiziert und damit auch evaluierbar gemacht. Zentrale Fragestellung war, wie sich Haut-zu-Haut-Kontakt in der neonatalen Periode von Kindern auswirkt, am Rand auch, wie sich dieser auf Mütter auswirkt, auch wenn dies nicht eigens operationalisiert wurde und Mütter nur dann in den Blick gerieten, wenn sie in Kontakt zu ihren Kindern traten, nicht außerhalb und bei ihnen auch keine physiologischen Parameter erhoben wurden.

Eidelman et al. stellten folgende Hypothesen auf[11]:

- Körperliche Nähe der Mutter zum Kind, exemplarisch und evaluierbar gemacht durch die KM, beeinflusst langfristig physiologische und neurophysiologische Parameter des (frühgeborenen) Kindes: Die KM verbessert den physiologischen, emotionalen und kognitiven Status des Kindes und hilft bei der Selbstregulierung dieser Systeme.
- KM-Kinder zeigen eine verbesserte Zyklizität innerhalb der zyrkadianen Rhythmen.
- KM-Kinder zeigen eine verbesserte, längere Aufmerksamkeit.

Diesen Hypothesen lagen explizit folgende Postulate zugrunde:

- Es gibt für die optimale Entwicklung des Zentralen Nervensystems spezifische, einmalige Zeitfenster.
- Kleinere Eingriffe können u.U. langandauernde Wirkungen haben.

Ihre Studie bauten sie methodisch äußerst sorgsam auf. Im Zentrum standen 146 Säuglinge in zwei Krankenhäusern Tel Avivs, die streng parallelisiert einer Gruppe mit Känguru-Kontakt und einer ohne (regelmäßigen?) Känguru-Kontakt zugewiesen wurden. Auch die soziodemografischen Parameter der Elternhäuser der Kinder waren

---

[11] Vgl. Eidelman et. al, 1992, 194

vergleichbar hinsichtlich Alter, Schulausbildung, (vorherige) Berufstätigkeit der Eltern etc[12].

Datenstruktur[13]

In der Gruppe mit Känguru-Kontakt hatten die Mütter mindestens eine Stunde am Tag während 14 Tagen ihre Kinder nach der Känguru-Methode auf dem Arm.

Die Datenerhebung begann 1 – 2 Tage vor der Anwendung der KM in der 37. Gestationswoche (die Kinder waren demnach noch drei Wochen vor dem errechneten Geburtstermin), sie wurden noch einmal nach drei Monaten (nun zuhause) und sechs Monaten (im Labor) untersucht, das medizinische Risiko wurde mittels des hochstandardisierten KRIPPE-Verfahrens erhoben. Im Kontext der Untersuchung standen dazu vier miteinander interagierende Faktoren des Status des Kindes im Vordergrund[14], die später mittels multivariater Verfahren ausgewertet wurden[15]:

- Emotionsregulierung,
- Reaktivität,
- Erregungsmodulation,
- mütterliche Aufmerksamkeit.

Ergebnisse

In der Studie zeigten sich deutliche, statistisch signifikante Unterschiede zwischen Kontrollgruppe und der KM-Gruppe. Die Kinder der KM-Gruppe zeigten[16]…

- tieferen Schlaf,
- mehr aufmerksame Wachheit,
- weniger unruhigen Schlaf,
- einen größeren Aktionsradius,
- sich geschickter während des gemeinsamen Spiels,
- weniger Apathie, Zeiten, in denen sie keine Reaktivität zeigten, und sie
- bessere Emotionsregulierung[17],
- weinten meist nur bei stark aversiven Reizen[18].

---

[12] Vgl. Eidelman et. al, 1992,196
[13] Vgl. Eidelman et. al, 1992, 197
[14] Vgl. Eidelman et. al, 1992,201ff
[15] Vgl. Eidelman et. al, 1992, 198
[16] Vgl. Eidelman et. al, 1992,196, 201ff
[17] Vgl. Eidelman et. al, 1992, 204

Auch die Mütter beider Gruppen unterschieden sich: Die Mütter der KM-Kinder verbrachten deutlich mehr Zeit im gemeinsamen Spiel mit ihren Kindern[19]. Eidelman et al. Verweisen auf Studien, die zeigen, dass Mütter mit Zwillingen meist einen bevorzugen, Die KM könnte Mütter dabei helfen, schon direkt nach der Geburt zu jedem der Zwillinge eine tragfähige Bindung aufzubauen[20]. Dabei gehen Eidelman et al davon aus, dass Effekte der KM, wie sie sie in ihrer Untersuchung identifizieren konnten, auch für gesunde Säuglinge, die zuhause sind, eintreten, auch wenn sie deutlich schwieriger zu operationalisieren und damit methodisch sauber nachzuweisen sind[21].

Wirkungen mütterlicher Nähe

Grundsätzlich zeigt sich, dass Haut-zu-Haut-Kontakt zwischen Mutter und Kind die Wirkung eines Schmerzmittels während schmerzhafter medizinischer Eingriffe hatte[22]. Mütter können ihre Kinder durch körperliche Nähe bei Schmerz angemessen unterstützen, es zeigt sich eine grundsätzlich verbesserte Fähigkeit zur Reizregulation[23]: Es zeigt sich eine emotionsregulierende Wirkung, etwa bedingt durch die Möglichkeit, sich von einer beunruhigenden oder als zu stark erlebten Reizquelle abzuwenden hin zu dem vertrauten „Reizcluster" der Mutter[24].

Es zeigt sich, dass Säuglinge deutlich besser ihre Aufmerksamkeit regulieren können, hier zeigt sich eine Wirkung, die über das Säuglingsalter hinaus geht[25]. Hochstressvolle Situationen und Settings werden durch mütterliche Nähe deutlich abgeschwächt, dies kann gerade bei instabilen Kindern etwa auf einer neonatalen Intensivstation einen wesentlichen Unterschied machen[26]. Damit zeigen Säuglinge mit stabiler, unterstützender Mutterbeziehung eine deutlich bessere Fähigkeit, sich und ihre Umgebung als Säuglinge mit instabiler oder schwacher Mutterbeziehung[27]. Unterschiedliche mütterliche Stile und unterschiedliche mütterliche Reaktionen

---

[18] Vgl. Eidelman et. al, 1992,200
[19] Vgl. Eidelman et. al, 1992,201
[20] Vgl. Eidelman et. al, 1992,203
[21] Vgl. Eidelman et. al, 1992,202
[22] Vgl. Crockenberg, 2004: 2, Eidelman et. al, 1992,196
[23] Vgl. Crockenberg, 2004:5, Laudan et al., 2004: 478
[24] Vgl. Crockenberg, 2004:3ff
[25] Vgl. Crockenberg, 2004:3
[26] Vgl. Laudan et al., 2004:478
[27] Vgl. Crockenberg, 2004: 7

scheinen hier wesentlich die Qualität zur Selbststeuerung des Kindes zu beeinflussen[28].

Unter den vielen Möglichkeiten, Säuglinge effektiv zu beruhigen, haben sich besonders Haut-zu-Haut-Kontakt, sanfte Bewegung bzw. Tragen, Wiegen und Stimme herausgestellt[29]. Geschlechtsunterschiede scheint es dabei zwischen den Kindern nicht zu geben[30].

Diskussion: kritische Anmerkungen

In der Erforschung der Bedeutung der frühen Eltern-Kind-Interaktion fällt auf, dass das Schwergewicht deutlich auf der Mutter-Kind-Interaktion liegt. Doch auch Väter haben von Anfang an eine Beziehung zu ihren Kindern, auch Väter haben eine Bedeutung für die (Selbst-)Regulation des Kindes, seine Emotionalität, seinen Schlaf, seine Aufmerksamkeitsstruktur und sein Erkundungsverhalten. Eine Untersuchung der der Vater-Kind-Interaktion scheint auch angesichts der zunehmenden Flexibilisierung der Lebensformen und der zunehmenden Bedeutung mütterlicher Berufstätigkeit geboten.

Eher selten wird auf die Wirkungen verwiesen, die unterschiedliche Persönlichkeiten, bzw. persönliche Prädispositionen des Säuglings auf die Mutter-Kind-Beziehung haben könnten – auch wenn es schwierig sein dürfte, solche Prädispositionen angemessen zu operationalisieren[31].

Interessant wäre eine Hinzuziehung sozioökonomischer Faktoren, etwa die Frage nach der Möglichkeit, durch informative und erzieherische Maßnahmen Eltern dazu zu bewegen, bestimmte Verhaltensweisen gegenüber ihren Kindern zu zeigen[32], aber auch der Frage nachzugehen, welche Arbeitsformen Eltern auch in der frühen Kindheit möglichst viel Kontakt zu ihren Kindern ermöglichen könnten.

Dies gilt natürlich auch für besondere Situationen, etwa den Bedingungen der Eltern-Kind-Interaktion bei einer (lebensbedrohlichen, stark einschränkenden, chronischen) Erkrankung des Kindes oder eines Elternteils, aber auch besonderen Stresssituationen wie Mehrlingen.

Zusammenfassung

---

[28] Vgl. Crockenberg, 2004:8
[29] Vgl. Laudan et al., 2004:479, 481
[30] Vgl. Laudan et al., 2004: 484
[31] Vgl. Crockenberg, 2004:2
[32] Vgl. Crockenberg, 2004:14, Laudan et al., 2004:478

Ergebnisse aus unterschiedlichen Studien betonen die Bedeutsamkeit mütterlichen Hautkontakts für die physiologische und psychische Entwicklung ihres Kindes in den ersten Lebensmonaten[33]. Es zeigt sich, dass die physische Nähe der Mutter zu einer besseren Schmerzmittelwirkung während schmerzvollen medizinischen Verfahren führt, neurophysiologische Belastungsantworten erfolgen abgeschwächt,, Kinder schlafen ruhiger, länger, besser, ihre Aufmerksamkeitsspanne ist besser. Physische mütterliche Nähe, auch, aber nicht nur durch Haut-zu-Haut-Kontakt, wirkt als behavioraler Regler für das Kind – als Organisator von Reizen, hilft bei der Regelung des zirkadianen Systems des Kindes[34]. Ex negativo kann fehlende mütterliche nähe dazu führen, dass es zum neuronalen Zelltod kommt, zu Hyperaktivität, zur Deregulierung bzw. verspäteten Regulierung des zirkadianen Systems[35].

Es steht zu vermuten, dass diese Effekte langfristige Auswirkungen sowohl auf das Kind als „geschlossenes System" selbst, seine Leistungen, seine Ausgeglichenheit in späteren Jahren, als auch auf die Beziehung des Kindes zu seinen Eltern und damit auf das Wohlbehagen der Familie hat. Kinder brauchen Zärtlichkeit.

Literaturverzeichnis

Crockenberg, S., Leerkes, E. (2004) Infant and Maternal Behaviors Regulate Infant Reactivity to Novelty at 6 Months, DEV PSYCHOL, VOLUME 40 (6). NOVEMBER 2004.

Eidelman Share Zedek, A., Feldman, R., Weller Bar-Uan, A. Sirota Schneider, L. (2002), Skin-to-Skin Contact (Kangaroo Care) Promotes Self-Regulation in Premature Infants: Sleep-Wake Cyclicity, Arousal Modulation, and Sustained Exploration, Developmental Psychology 2002, Vol. 38, No^ 2, 194-207

Krankenkasseninfo, (2007, abgerufen 9.6.08) Zusammenhang zwischen Oxytocin und Mutter-Kind-Bindung, krankenkasseninfo.de

Laudan, B., Putnam, S.,Stifter, C. (2004) Maternal Regulation of Infant Reactivity From 2 to 6 Months, Volume 40(4), Juli 2004   p477-487

Schwarzer, K., (2008), Sterben und Tod von Kindern in der neonatologischen Intensivmedizin: Der Umgang mit den betroffenen Eltern hinsichtlich einer partizipativen Entscheidungsfindung, Disseration an der Hohen medizinischen Fakultät: Köln.

---

[33] Vgl. Eidelman et. Al, 1992, 194
[34] Vgl. Eidelman et. Al, 1992,195
[35] Vgl. Eidelman et. Al, 1992,